Escarabajos

Grace Hansen

www.abdopublishing.com

Published by Abdo Kids, a division of ABDO, P.O. Box 398166, Minneapolis, Minnesota 55439.
Copyright © 2015 by Abdo Consulting Group, Inc. International copyrights reserved in all countries.
No part of this book may be reproduced in any form without written permission from the publisher.
Printed in the United States of America, North Mankato, Minnesota.
072014
092014

THIS BOOK CONTAINS RECYCLED MATERIALS

Spanish Translators: Maria Reyes-Wrede, Maria Puchol
Photo Credits: Shutterstock, Thinkstock
Production Contributors: Teddy Borth, Jennie Forsberg, Grace Hansen
Design Contributors: Candice Keimig, Laura Rask, Dorothy Toth

Library of Congress Control Number: 2014938848
Cataloging-in-Publication Data
Hansen, Grace.
 [Beetles. Spanish]
 Escarabajos / Grace Hansen.
     p. cm. -- (Insectos)
ISBN 978-1-62970-332-9 (lib. bdg.)
Includes bibliographical references and index.
1. Beetles--Juvenile literature. 2. Spanish language materials--Juvenile literature.
I. Title.
595.76--dc23
                          2014938848

Contenido

Escarabajos 4

Alimentación 18

Los escarabajos ayudan
al medio ambiente. 20

Más datos 22

Glosario. 23

Índice. 24

Código Abdo Kids. 24

Escarabajos

Los escarabajos son insectos. Las hormigas, las abejas y las mariposas también son insectos.

Hay escarabajos en casi todos los lugares de la Tierra. Pueden vivir en tierra y en agua dulce.

Casi todos los escarabajos son de color café o negro. Algunos escarabajos son de muchos colores.

9

El cuerpo de los escarabajos tiene tres partes principales. La cabeza, el **tórax** y el **abdomen**.

Los escarabajos tienen cuatro alas y dos **antenas**.

Tienen seis patas y dos ojos.

13

Los escarabajos tienen un **caparazón** que cubre su cuerpo. El caparazón los **protege**.

Las mandíbulas de los escarabajos son **fuertes**. Esto los ayuda a deshacer la comida.

17

Alimentación

Casi todos los escarabajos comen madera y partes de plantas, como las hojas y la fruta. Algunos escarabajos comen otros insectos o animales pequeños.

Los escarabajos ayudan al medio ambiente

Los escarabajos ayudan a descomponer las plantas muertas. Algunos escarabajos llevan **polen** de una flor a otra, eso ayuda a que crezcan más plantas.

Más datos

- Los científicos de todo el mundo han identificado más de 300,000 especies de escarabajos.

- Los científicos piensan que podría haber entre 4 y 8 millones de especies de escarabajos.

- Las libélulas son escarabajos. ¡Pueden brillar en la oscuridad!

Glosario

abdomen – parte trasera del cuerpo de un insecto.

antenas – los dos órganos largos y delgados en la cabeza de los insectos.

fuerte – potente.

polen – pequeños granos amarillos que producen las flores.

proteger – mantener a salvo.

tórax – la parte del medio del cuerpo de un insecto.

Índice

abdomen 10
alas 12
animales 18
antenas 12

cabeza 10
caparazón 14
colores 8
comida 16, 18, 20

hábitat 6
insectos 4, 18
mandíbula 16
ojos 12

patas 12
polen 20
tórax 10

abdokids.com

¡Usa este código para entrar a abdokids.com y tener acceso a juegos, arte, videos y mucho más!

Código Abdo Kids: IBK0380